AF268065

RAPPORT

NN. SS. LES ÉVÊQUES

SUR

L'AFFAIRE DE M. L'ABBÉ THÉOLIÈRE

AVEC

S. E. LE CARDINAL DE BONALD

ARCHEVÊQUE DE LYON

auquel il a adressé un Mémoire.

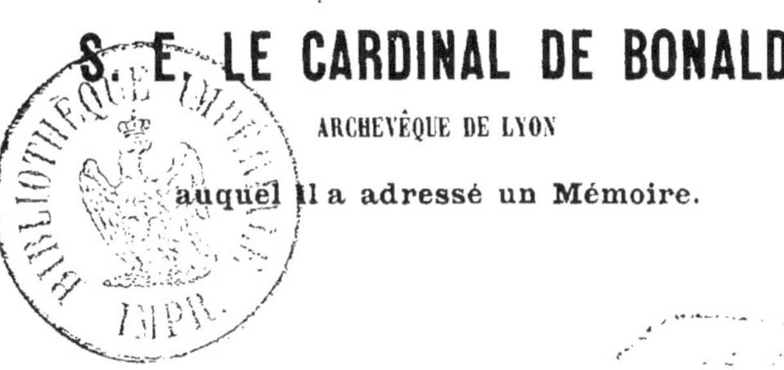

A S. E. Mgr LE CARDINAL-ARCHEVÊQUE DE LYON.

Saint-Etienne, le 8 septembre 1865.

EMINENCE,

Un anonyme écrivait il y a trois ans :

« Il serait bien temps que le clergé du diocèse protestât autrement
« que par son silence contre les injustes accusations dont M. l'abbé
« Théolière poursuit Mgr l'archevêque. »

Son Eminence ne pouvait pas mieux faire que d'en appeler aux
sentiments de justice et d'honneur de ces prêtres qui, quoique attachés
à leurs traditions, sont tout de même dans le fond estimés par Elle.

Pour avoir droit à leur protection, il suffit d'être infortuné.

> Je vois que l'injustice en secret les irrite ;
> . . . . . qu'ils ont encor le cœur israélite.

Mais pour bien répondre au Mémoire de M. Théolière, il a fallu le voir de près; et voilà qu'après un mûr examen, il a fallu conclure par un rapport à NN. SS. les évêques.

Jésus-Christ voulant qu'en pareil cas on s'adresse à l'Église *(dic Ecclesiæ)*, c'est un devoir pour un chrétien de réclamer, en faveur de l'opprimé, la protection du corps le plus estimable, le plus vénérable, le plus éminent de tous, et le seul capable de remédier à ce scandale, quelque soit le côté d'où il vienne.

Si M. Théolière a tort, les évêques en jugeront et prononceront sur lui; s'il a raison, Votre Eminence voudra bien ne pas trouver mauvais qu'on fasse pour lui ce qu'elle réclame devoir être fait hautement pour Elle.

Recevez, Eminence, l'assurance du plus profond respect avec lequel

J'ai l'honneur d'être,

Monseigneur,

De Votre Eminence le très-humble et très-dévoué serviteur,

BOYER.

RAPPORT

A NN. SS. LES ÉVÊQUES

SUR L'AFFAIRE DE M. L'ABBÉ THÉOLIÈRE

Avec S. E. le cardinal de Bonald, archevêque de Lyon,

AUQUEL IL A ADRESSÉ UN MÉMOIRE.

MONSEIGNEUR,

Un événement grave préoccupe les esprits, et mérite d'être soumis à votre jugement.

La terrible catastrophe de M. l'abbé Théolière nous a profondément attristés. Les laïques comme les prêtres plaignent son malheur et sa peine; mais comme les circonstances exceptionnelles où il s'est trouvé peuvent seules faire apprécier sa situation, cette affaire mérite qu'on lui donne tous les éclaircissements.

M. l'abbé Théolière ayant une sœur infirme, fut obligé d'en prendre soin et de gérer ses affaires. Il confia l'argent de cette sœur et le sien à un nommé Vallon, pour que celui-ci le fît valoir dans l'industrie. Il n'y avait d'abord que vingt mille francs, somme bien peu considérable, il est vrai, même en rente annuelle, pour ceux qui croient que cent francs mangés par jour sont une vie tout au plus honnête: mais cette somme était considérable pour M. Théolière.

Dans ce placement, il n'y avait pour un prêtre absolument rien qui fût contre la foi ou contre les mœurs, à moins qu'aujourd'hui une nouvelle doctrine ne permette de posséder des biens qu'aux gens habitués aux grands festins.

Mais qui a mis en doute que le prêtre puisse posséder des biens? Il le peut bien puisque les évêques le peuvent (*Summa sancti Thomæ. De statu perfectionis*). *Non autem episcopi in suá ordinatione ad hoc se obligarunt, ut absque proprio vivant, neque etiam vivere absque proprio ex necessitate requiritur ad pastorale officium, ad quod se obligant. Et ideo non tenentur episcopi ad hoc quod sine proprio vivant.*

Les évêques ne s'obligent pas dans leur ordination à vivre sans rien posséder en propre, cela n'est pas non plus nécessairement requis par les fonctions pastorales, auxquelles ils se dévouent. Les prêtres ne sont pas plus qu'eux tenus à vivre sans rien avoir en propre.

En recevant la tonsure, le clerc ne s'oblige pas à ne rien posséder. Du reste, ce que Dieu commande, c'est le détachement des biens de la terre. Abraham, quoique très-riche, était un très-saint personnage.

Pour finir, l'Eglise et le pape possèdent; il ne peut pas y avoir deux évangiles : l'un pour les chefs, l'autre pour le simple prêtre.

Donc, point de difficulté que M. Théolière ne confiât l'argent de sa sœur infirme et le sien à M. Vallon, pour que celui-ci le fît valoir dans l'industrie.

Mais que voulait faire M. Théolière de ses revenus? Ce n'est pas la question. Ce respectable ecclésiastique a autant de charité qu'un autre, pouvait tout aussi bien qu'un autre donner pour la construction de la chapelle du grand séminaire, ou encore mieux à la propagation de la foi. Du reste, quand même, par cette industrie *exercée par un autre que par lui*, il se serait recommandé au souvenir d'un neveu ou d'une nièce, qui se marie, si vous voulez, il ne l'aurait pas fait avec les revenus de l'Eglise, denier de la veuve et de l'orphelin.

Pour mon compte, si j'avais sur les épaules une charge d'âmes, j'aimerais mieux devoir ma subsistance au résultat de mon industrie qu'à des aumônes qui risquent d'être accompagnées des gémissements d'un homme gagnant son pain à la sueur de son front, et disant comme S. E : Que veut-il faire de mon argent? Il m'en coûterait terriblement d'être à charge à quelqu'un. *Ne quem gravaremus,* disait l'archevêque saint Paul.

Donc, jusqu'à présent, il n'y a aucun grief à faire valoir contre M. Théolière, dès lors qu'il n'a fait que ce que font les évêques, le pape et toute l'Eglise.

Mais voici une autre histoire. Vallon, sans croire qu'il fût nécessaire d'en référer à M. Théolière absent pour un long voyage, vu l'occasion urgente d'un bon coup à faire, Vallon emploie les fonds de celui-ci à acheter le Jardin d'Hiver.

« C'était, dit le Mémoire (page 2), un jardin en grande partie
« couvert, qui avait coûté, seulement à établir, environ huit cent
« mille francs. Là étaient des serres magnifiques, remplies des
« plantes tropicales les plus rares, au milieu de cascades et de
« grottes variées, de promenades ravissantes, et des salles splendides
« pour recevoir la société aristocratique de Lyon ; en un mot, c'était
« un grandiose jardin d'hiver, chauffé par d'immenses calorifères,
« et splendidement éclairé au gaz. *Rien donc dans la nature de l'objet*
« n'était mauvais. Si plus tard il devait être ouvert aux bals, ce
« n'était que provisoirement. »

Au reste, l'état normal du Jardin d'Hiver, au témoignage de tout le monde, était simplement d'être un lieu de promenade. M. de Verclos lui-même, professeur éminent du grand séminaire de Lyon, accompagné d'un séminariste, demanda à le visiter, vers 1850.

En vérité, M. Théolière est-il coupable? En quoi? Mais qui sera assez dépourvu de raison pour lui imputer ce qui n'a pas dépendu de sa volonté? Il n'était pas à Lyon au moment de cet achat, et il n'a pas été consulté. Doit-il avoir peur des canons de l'Eglise ? mais ils sont fondés sur la raison.

A son retour à Lyon, que fit M. Théolière ? « Ne sachant ce qu'il « en était, dit-il (Mém. p. 2), sur la destination récente du Jardin « d'Hiver, je crus devoir prendre des informations, et d'après ce que « je pus recueillir, je fus trouver Vallon pour *le prier de convertir cette* « *opération qui ne convenait pas à ma sœur, encore moins à moi, vu ma* « *qualité.*

— « Je m'en garderai bien, dit Vallon, c'est une opération magni- « fique.

— « Alors rendez-moi les vingt mille francs.

— « Impossible pour le moment. »

Chrétien lecteur, qu'y avait-il à faire, et qu'auriez-vous fait à la place de M. Théolière ? L'argent de sa sœur infirme, lui appartenait-il ? Comme il avait pris cet argent sous sa responsabilité, en conscience n'était-il pas obligé d'en prendre soin ? Quant aux droits de M. Théolière lui-même, devait-il donc y renoncer parce qu'ils étaient placés au Jardin d'Hiver ? l'auriez-vous fait vous, qui que vous soyez, si grands que soient vos revenus ?

Néanmoins, ce placement au Jardin d'Hiver chagrina M. Théolière. Il était d'une famille excessivement recommandable. Neveu de l'ancien ministre de Charles X, M. de Chantelauze, il en avait toute l'affection et toute l'estime, en avait reçu toute espèce de soins. Sa famille peut dire combien son oncle l'aimait. M. l'abbé Théolière n'eût pas voulu pour tout au monde s'engager dans des affaires de cette nature ? Est-il vraisemblable en effet que ce monsieur qui jouissait de l'estime universelle, qui était regardé même à Roanne qui n'était pas son pays, comme un prêtre très-recommandable, est-il vraisemblable qu'il eût pris tout à coup fantaisie de faire une spéculation prêtant à la critique, et capable de le compromettre ?

Gare les pharisiens, et tous les benins dévots qui se croient les plus grands saints du monde, dignes de juger les douze tribus d'Israël (*judicantes duodecim tribus Israël*), qu'ils portent la robe d'avocat ou toute autre toge ! M. l'abbé Théolière dut se figurer plus d'un discours de Cicéron sauvage, fait en style pharisaïque. Il s'alarma à ces tristes pensées, bien plus à cause de l'honneur ecclésiastique que du tort réel que ces bavardages pourraient faire à sa personne. M. Bissardon, curé des Chartreux, et autres ecclésiastiques distingués, savaient bien pourtant à quoi s'en tenir. Quant à M. de Chantelauze, s'intéressant à tout ce qui regardait son neveu, il ne vit pas d'autres moyens pour M. l'abbé Théolière que de faire proposer une société en commandite à Vallon, incapable de rembourser les vingt mille francs.

— La somme étant relativement modique, répondit Vallon, je ne puis la faire porter que sur une partie de l'établissement, dite buvette.

Il fallut bien en passer par là, ou n'avoir aucune garantie. *C'était* *une dure nécessité,* ajoute M. Théolière. *toujours et surtout à cause de* *ma qualité d'ecclésiastique.*

Mais la position étant telle, qu'y pouvait-il ? M. Théolière fit en cette circonstance ce que peut-être tout autre ecclésiastique recommandable ne se serait pas cru obligé de faire ; mais enfin il se mit hors de blâme en faisant tout ce qu'il pouvait faire. Il alla raconter son aventure à M. Barou, vicaire-général. Vous ne pourriez pas moins faire que d'admirer avec moi le respect et l'obéissance de M. Théolière envers l'autorité. On sait combien il en coûte quelquefois pour aborder un homme haut placé : on les va visiter le moins possible ; car on tremble rien qu'en les voyant ; il fallut un grand courage à M. Théolière pour passer par dessus la répugnance, et aller parler à un grand-vicaire de cette affaire très-délicate.

M. Barou fut flatté de cette communication, il compatit à l'ennui de M. Théolière trompé, le consola, et lui dit pour terminer : « Pourvu « que ce ne soit pas vous qui organisiez les fêtes, nous n'avons rien « à y voir. Vos fonds étant placés là, *vous devez bien voir les livres* et « *prendre vos précautions* ; seulement vous ferez bien de les retirer « le plus tôt que vous pourrez. »

Je ne vois pas pourquoi, maintenant, on a fait un crime à M. Théolière d'avoir été aperçu au Jardin d'Hiver vêtu d'une redingote noire et portant lunettes. Que veut-on prouver par là ? Ceci ne fait rien à la question. M. Théolière n'avait-il pas le droit d'aller voir les livres de compte ?

1° Il en avait le droit naturel ;

2° Et de plus M, Barou l'y avait autorisé.

M. Théolière m'a dit à ce sujet : « M. Barou m'avait autorisé à « aller voir les livres du bureau, je n'y suis pas allé. On a pris pour « moi un jardinier-chef, portant lunette et redingote noire qui, aux « heures de fêtes, circulait dans les allées pour empêcher les gens de « marcher sur les plantes de massif. Mais je me serais bien donné « de garde d'y mettre les pieds en pareille circonstance, n'étant pas « jaloux de me faire une réputation de folie. »

Mais il fallait bien pourtant que M. Théolière allât au Jardin d'Hiver pour veiller aux intérêts de sa sœur infirme, et pour trouver moyen de sauvegarder son patrimoine.

Et quand la vue de M. Théolière y aurait bien effarouché quelques serins et perdrix ; quand la présence d'un prêtre aurait réveillé quelques remords, gêné les rendez-vous, empêché quelques bals, au risque de provoquer contre lui les colères et les animosités, qui, pour s'en venger, seraient allés gémir aux fenêtres de quelques basses-cours, quel grand mal ?

On se souvient que Néron fit mourir saint Paul parce que il lui avait converti une courtisane ; M. Théolière n'aurait-il pas été l'objet de la colère de quelque courtisan troublé par un remords dans sa partie de plaisir, ou d'une Junon pleine de ressentiment,

Manet alta mente repostum
Judicium paridis, spretoque injuria formæ.

Vallon vint un beau jour déclarer à M. Théolière qu'il avait vendu le Jardin d'Hiver à Guillaud, auquel M. Théolière *proposa de rembourser ses droits.* Guillaud répondit brusquement : « Je ne reconnais pas cette créance-là.

Ne pouvant obtenir justice de Guillaud, M. Théolière fut obligé en conscience de porter l'affaire par devant les tribunaux.

Faut-il, dit saint Thomas, abandonner des biens temporels à cause du scandale? (II, II, *Question* 43e, article 8.)

Non : Saint Thomas de Cantorbéry réclama les biens ecclésiastiques. malgré le scandale du roi.

Au sujet des biens temporels, il faut distinguer : ou bien ils sont à nous, *ou bien ils nous ont été confiés pour les garder,* comme les biens de l'Eglise sont confiés aux prélats. et les biens communs de l'Etat à ses chefs (ou comme les biens d'un pupille à un tuteur). La conservation de ces biens est un devoir de rigueur, comme celle d'un dépôt, pour ceux à qui ils ont été confiés; c'est pourquoi *on ne doit point les abandonner, à cause du scandale; pas plus que les choses qui sont de nécessité de salut.* Quant aux biens temporels dont nous sommes les maîtres, nous devons quelquefois les sacrifier à cause du scandale, soit en les donnant. si nous les avons à notre disposition. soit en ne les réclamant pas, s'ils sont en des mains étrangères; et, *quelquefois nous ne devons pas les sacrifier.* Car si le scandale provient de l'ignorance ou de la faiblesse. ce que nous avons appelé le scandale des faibles. on doit alors ou sacrifier tout à fait les biens temporels. ou *apaiser le scandale par quelque explication préalable.*

De là ces mots de saint Augustin : « Il faut donner sans porter « préjudice. ni à vous. ni à d'autres. autant que l'homme peut en « juger; et si vous refusez une chose à quelqu'un, il faut lui faire « connaître la justice de votre refus; vous lui donnerez avec plus de « fruit, par cela même que vous aurez résisté à son injuste demande. »

Quelquefois, aussi, le scandale provient de la malice, ce qui constitue le scandale pharisaïque; et l'on ne doit pas renoncer aux biens temporels, à cause de ceux qui excitent de pareils scandales, parce que cela nuirait au bien commun; car on donnerait aux méchants l'occasion de ravir le bien d'autrui; cela nuirait aussi aux ravisseurs eux-mêmes, qui en retenant le bien d'autrui, resteraient dans le péché. Il y en a, dit saint Grégoire, (Moral XXXI, 8), que nous devons seulement tolérer, quand ils nous ravissent des biens temporels; mais il en est d'autres que nous devons empêcher en bonne justice, non-seulement pour qu'ils ne nous ravissent point ce qui nous appartient, mais encore de peur qu'en dérobant le bien d'autrui, ils ne se perdent eux-mêmes.» Ainsi dit St Thomas.

Aussi aucun canon de l'Eglise ne défend aux ecclésiastiques d'avoir recours aux tribunaux pour leurs droits. l'Eglise ne peut pas faire des règlements opposés à la justice. et favoriser les voleurs qui n'auraient rien de mieux à faire que de s'attaquer aux ecclésiastiques.

Saint François de Sales disait un jour : Si l'on prend les biens de l'Eglise d'Annecy, j'aurai recours aux tribunaux. Ce grand homme se serait-il permis une chose indigne d'un ecclésiastique?

Mgr de Dreux-Brézé. évêque de Moulins. a plaidé devant les tribunaux pour une affaire de succession.

S. E. le cardinal de Bonald, étant accusé de captation (1er ap. 2,3), a plaidé devant le tribunal.

Il ne peut pas y avoir deux règlements dans l'Eglise, et tandis qu'elle défend si énergiquement ses droits temporels, elle ne peut pas interdire à un ecclésiastique ce qu'elle pratique pour elle-même.

L'affaire de M. Théolière fut donc portée à la deuxième chambre du tribunal civil, présidée par M. Chatard.

Mais voici que l'avocat de l'adversaire lit dans une lettre de S. E. le cardinal de Bonald ces mots étonnants :

« Si j'"avais su plutôt de quoi il s'agissait, j'aurais poursuivi M.
« l'abbé Théolière des peines canoniques (25 juillet 1852).»

— Qu'est-ce que cela? dit son avocat épouvanté.

— Ce n'est rien, plaidez toujours, je verrai le cardinal, répond M. Théolière avec sang-froid.

Après la plaidoirie : Eminence, alla-t-il dire au cardinal, il y a six ans que je n'ai pas eu l'honneur de vous rendre visite, je ne vous ennuie pas beaucoup, mais aujourd'hui je viens d'entendre lire à l'audience une lettre de vous.

— Ah oui, un homme d'affaire est venu me parler de cela.

— Comment se fait-il, Eminence, que vous receviez la dénonciation intéressée de mon avocat adversaire ou de son avoué, sans faire appeler les miens, ou sans me mander moi-même? Savez-vous qu'il est question de vingt mille francs au moins, pour le moment, et que c'est beaucoup pour moi.

— Je ne savais pas cela. *Soignez bien vos intérêts.*

S. E. eut même la bonté de lui proposer son avoué, M. Arnaud. Et une lettre du cardinal au président du tribunal disait : Ayant été mal informé, je prie le tribunal de regarder ma dernière lettre comme non avenue (Mémoire).

M. Théolière gagna ce premier procès.

Ayant vu cela, Guillaud laissa échapper cette naïveté : On ne peut pas compter sur le cardinal, c'est au dernier qui lui parle. Il s'avouait donc par là coupable d'avoir sollicité un interdit.

D'autres affaires étant survenues devant le tribunal de commerce, un second procès est gagné contre Vallon, associé de M. Théolière. Profitant de ce que M. l'abbé ne visitait point les livres, par délicatesse, quoique M. Barou lui eût donné cette faculté, Vallon avait fait des détournements. Ce qui étant reconnu par le tribunal, rendit M. Théolière seul propriétaire des droits sur la brasserie.

M. Théolière se croyant néanmoins dans un guêpier, continuait à se débattre comme il pouvait pour retirer ses droits; toujours impossible.

Ce fut alors qu'il songea tout de bon à donner une autre destination au Jardin d'Hiver, à en faire bannir les danses.

Guillaud ayant vendu ses droits au Jardin d'Hiver à un nommé Flandrin, l'abbé Théolière nous dit : D'après un projet de société fait entre Flandrin et moi, le Jardin d'Hiver devait tout d'abord recevoir une autre destination; ce qui n'est pas indifférent de remarquer. Dans une partie des locaux devait être établie une filature, dans une autre des bains, et sur le quai, dans le Jardin d'Été, une grande et magnifique brasserie. *Rien donc d'immoral.*

Les bals et tout leur apanage devaient en être exclus : *Ça ne rapporte rien du tout les dansès*, disait Flandrin d'accord en ceci avec M. Théolière, mais à un autre point de vue.

Selon les conventions, Flandrin devait fournir vingt mille francs, plus tout le matériel, tel que machine à vapeur, chaudière, ventilateur pour sécher les soies, etc., avec son industrie. De mon côté je fournissais aussi vingt mille francs, et l'acte reconnaissait que c'était cette même somme qui se trouvait déjà engagée par moi dans cette entreprise, de plus je devais céder à la société, dont je ferais partie, tous mes droits acquis sur le nouvel établissement. (Mémoire 8.)

Toutes ces machines, cet ensemble pour destinations nouvelles, tout cet attirail pour l'installation d'industries nouvelles, n'étant pas compatibles avec les violons, les danses devaient forcément céder la place (style d'huissier), vider les lieux. (Projet du 16 octobre 1852, entre M. Théolière et Flandrin.)

Dès-lors, l'Eglise n'avait plus rien du tout à condamner au Jardin d'Hiver, et tout le clergé de Lyon devait bénir Dieu de ce que M. l'abbé Théolière fût entré dans la société du Jardin d'Hiver, et eut fait une si belle prise sur l'ennemi. Quelques personnes même dans ce but étaient venus à son secours.

Heureux s'il n'eût pas assumé ainsi une nouvelle responsabilité, mais enfin il était dans ses droits, devant Dieu et devant les hommes.

Guillaud, pour les motifs rapportés par le Mém. pag. 5, ne voulut pas maintenir sa vente. De là un nouveau procès, où M. Théolière se trouvait impliqué, vu ses droits reconnus sans pouvoir être remboursés.

Guillaud avait joué un tour à M. Théolière pour obtenir la confiscation de ses droits, si gênants pour lui, résultat énorme qui lui avait échappé par la perte de son premier procès. Guillaud qui n'était pas aussi Guillaud que celui de Lafontaine, avait imaginé de tenir fermés les locaux de la brasserie, afin de mettre le gérant dans l'impossibilité de pouvoir faire les recettes devant payer le loyer.

Or, par défaut de payement, il espérait obtenir la confiscation des droits de M. Théolière.

M. Groz somma Guillaud d'ouvrir l'établissement; et sur son refus lui envoya une assignation, dont M. Théolière n'eut connaissance que par un coup de tonnerre.

« Archevêché de Lyon, 18 octobre 1854.

« *A Monsieur Théolière,*

« Il a été présenté aujourd'hui à mon conseil, Monsieur l'abbé,
« une pièce qui dépose contre vous d'une manière déplorable. Vous

« avez fait *présenter* au mois d'août dernier une *assignation* où l'on
« se plaint en votre nom relativement au Jardin d'Hiver.

« En conséquence, je vous ôte la permission de célébrer dans
« *tout* mon diocèse.

« Recevez, Monsieur l'abbé, l'assurance de mon dévouement,

« J.-M. card. de BONALD,

« Arch. de Lyon. »

Que dire de cela ?. . . . .
Le cardinal qui pendant quatre ou cinq ans, avait laissé dire la
messe à M. Théolière, quoiqu'il fût actionnaire au Jardin d'Hiver,
et l'avait laissé compter sur l'archevêché, se joint à ses adversaires
au moment du procès. Ne dirait-on pas que le cardinal ne connut
l'affaire de M. Théolière qu'à l'époque du procès? Or, pourtant
il le savait bien auparavant.

Ne pouvait-il pas l'arrêter avant qu'il se fût rendu dépositaire de
nouvelles sommes, et qu'il y eût trois cent mille francs engagés ;
et après avoir tenu les yeux fermés lorsque les danses y étaient dans
toute leur activité ; après lui avoir dit : Soignez vos intérêts.

Le cardinal, pouvait-il pour interdire M. Théolière, choisir le
moment où ce prêtre était en train d'expulser les danses du Jardin
d'Hiver ?

Voici ce qui s'était passé : Guillaud ayant manqué son coup une
première fois avait été plus heureux cette fois-ci. Les ennemis de
M. Théolière avaient assiégé le cardinal et obtenu enfin un interdit.
Sans doute un administrateur est à plaindre. Il est quelquefois en-
touré de flatteurs qui par intérêt lui cachent la vérité. Mais celui qui
est victime de la calomnie n'est-il pas à plaindre davantage ? Et
faut-il dire, pour justifier l'autorité, que c'est l'innocent qui a tort ?
Certes les choses parlent d'elles-mêmes, et quoiqu'il soit dangereux en pareil occurence d'en dire trop ou pas assez, il ne faut pas
pour cela laisser périr un homme. Si un membre souffre, tous les
autres membres souffrent avec lui. Il est de mon devoir de défendre
M. Théolière injustement opprimé et de le défendre même contre
l'archevêque.

Qu'est-ce que c'est d'abord qu'un interdit ? Le lecteur n'a-t-il jamais vu en sa vie quelqu'un ayant l'honneur d'être ecclésiastique,
montré au doigt avec ces mots : C'est un prêtre interdit ? Tout le
monde de fixer les yeux sur lui, et de le contempler comme une
bête curieuse. Ce pauvre homme marche comme un anathème. On
demande ce que c'est qu'un interdit? Pourquoi un interdit? Et d'une
histoire à une autre, on arrive à raconter qu'un prêtre a été interdit
pour des infamies. Le public qui n'est peut être pas toujours aussi
réservé que le grand Turenne..... lequel ne jugeait jamais des
choses sur la première impression, n'est-il pas dangereux que le
public, sans examen préalable, ne fasse à la victime frappé d'interdit
l'application d'une malheureuse histoire, et qu'à moins d'une demi-
journée la réputation de ce prêtre soit perdue ?

« La Renommée, dit un ancien, est de tous les maux le plus ra-
« pide. La mobilité est sa vie, et elle acquiert des forces en courant.
« D'abord faible et timide, elle grandit et s'élève dans les cieux.
« Ses pieds sont rapides, ses ailes sont infatigables, monstre hor-
« rible au corps couvert de plumes, et qui sous chaque plume
« (ô prodige !) cache des yeux toujours ouverts, des bouches toujours
« parlantes, des oreilles toujours attentives ! La nuit elle vole en
« siflant à travers l'ombre, entre le ciel et la terre ; jamais le som-
« meil ne ferme ses paupières. Le jour elle s'assied sentinelle im-
« mobile sur le faîte des maisons, ou sur le sommet des tours, et
« de là elle jette l'alarme dans les cités populeuses, messagère in-
« différente, de mensonges, de calomnies ou de vérités. »

M. de Chantelauze, énormément fatigué de l'interdit de son neveu,
lui offrit d'aller à l'archevêché le jour même. Il eut encore fait antichambre, lui qui vers 1847, quand M. Théolière était curé à Marcoux,
avait attendu plus d'une heure pour parler à S. E. en faveur de son
neveu. « L'abbé, vint-il dire à son neveu, l'abbé, j'ai fait pour toi
aujourd'hui, ce que je n'ai fait de ma vie. »

— Quoi donc, mon oncle ?

— J'ai fait antichambre pendant plus d'une heure chez Mgr de
Bonald.

— Mon oncle, cela ne vous arrivera plus ?

M. Théolière tint parole, et cette fois ne voulut pas exposer son
oncle à une fâcheuse réception. « Je dois, dit-il, avouer, *stultus ego*,
que je comptais sur mon bon droit ; puis je savais déjà qu'il est des
gens qui comptent pour bien peu, des hommes tombés, fût-ce au
péril de leur vie, sur les débris d'un trône douze fois séculaire.......

« Je ne parlai jamais le premier de mes malheurs à M. de Chan-
« telauze, de crainte de le fatiguer, car il m'avait dit un jour : Je
« vois bien où tout cela porte. »

Depuis l'interdit de M. Théolière, l'affreuse Renommée prit plaisir à faire circuler mille bruits de bouche en bouche contre lui. Le
public se répandit en paroles contre lui comme l'eau se répand en
un panier percé.

Quelqu'un qui blâmait M. Théolière, et soutenait S. E., avouait
qu'il y avait eu un temps qu'on ne disait rien contre lui sur son affaire
au Jardin d'Hiver. Et quel était ce temps, sinon celui qui avait pré-
cédé l'interdit ? Et notez bien que c'était précisément l'époque où les
danses étaient dans toute leur activité. On ne savait même pas que
M. Théolière était actionnaire au Jardin d'Hiver. Et Guillaud lui-
même, bailleur de fonds à Vallon, ne savait pas que ce prêtre y eût
des intérêts engagés.

Mais l'interdit annoncé au tribunal (et pour quelle raison ?) donna
une solennité terrible à cette affaire, et alors que ne dit-on pas ?

Je demanderai d'abord à S. E. pourquoi elle s'est permis de no-
tifier son interdit aux gens du tribunal ? C'est une irrégularité dont
M. Théolière à droit de se plaindre.

Examinons au point de vue canonique le procédé de S. E. le
cardinal de Bonald , peu d'attention suffira. S. E. interdit ce

prêtre, non pas pour immoralité, *mais à cause de son procès.* « Vous avez fait présenter une assignation. » M. Théolière n'a point fait présenter d'assignation.

Voilà déjà une faute. Un archevêque qui se permet d'imputer solennellement à un prêtre ce qui n'est pas son fait : *Où l'on se plaint en votre nom relativement au Jardin d'Hiver. En conséquence je vous ôte la permission de célébrer dans tout mon diocèse.* Je pourrai faire ici une longue dissertation sur la prudence qu'il faut avoir avant de croire aux imputations des accusateurs, surtout quand ils veulent amener une mesure aussi redoutable que l'interdit.

Je veux attaquer seulement la forme de cet interdit.

Non-seulement il est basé sur une assignation faussement attribuée à M. Théolière, assignation qu'il avait pourtant droit de faire, mais encore il est lancé *ex-abrupto.* J'en appelle à la conscience même de ceux qui doivent le plus au cardinal. Le cardinal pouvait-il faire cela ? Dans le commerce de la vie, un homme, avant d'user envers un adversaire de moyens rigoureux, ne commence-t-il pas logiquement et même légalement par l'avertir, surtout d'après la disposition de la loi. Si cet adversaire se rend avec toute la bonne volonté de réparer ses torts, l'autre le fera-t-il mettre en prison ?

Un chef de l'Eglise de J.-C. ne doit-il pas au moins suivre la même modération ?

L'endroit où l'Eglise est toujours sévère est un, c'est sur ses principes qui sont immuables; mais elle est tolérante, bonne pour les personnes ; et quand il faut de la fermeté, croyez-vous qu'elle y aille bride abattue. Regardez ce qu'elle a fait avant de condamner Luther et compagnie, les égards que le concile de Trente a eu pour les protestants. C'est là le caractère de l'agneau de Dieu, dont les évêques sont les représentants. *Arundium quassatam non confringet, et linum fumigans non extinguet.* Il ne brisera pas le roseau froissé, il n'éteindra pas la mèche qui fume encore. C'est toute la vie de J.-C. Tous ceux qui ont mérité le nom d'évêques ont suivi cette conduite. Ce ne sont pas des hommes avides de luttes, et jaloux de se mesurer avec un antagoniste. Si l'un de leurs administrés se trompe, loin de vouloir le confondre, ils font auprès de lui des démarches secrètes pour l'engager à se rendre à la vérité, et avec un procédé si délicat, il est excessivement rare qu'un homme ne se rende pas.

Tout le monde connaît l'histoire de Mgr de Mons, évêque de Mende. Un samedi il alla, sans équipage, rendre visite à un curé qui n'habitait sa paroisse que, de tous les quinze jours, un seul dimanche. Mgr rencontra un laboureur sur sa route, et après les saluts d'usage, lui dit : Monsieur votre curé comment va-t-il ? Monsieur, je pense qu'il va bien. Vous allez le voir ? Vous ne le trouverez pas. C'est un bon enfant, mais il n'est ici qu'un seul dimanche sur deux ; demain il n'y sera pas..

— Et comment faites-vous, quand il n'y est pas ?

— Nous allons à la paroisse voisine ; les cloches sonnent d'une manière quand le curé est ici, et d'une autre manière, quand il n'y est pas.

L'évêque arrive à la cure.

— Monsieur le curé n'y est pas, dit la bonne.

— Et quand reviendra-il?

— A la fin de la semaine.

— C'est malheureux, dit l'évêque, c'est un de mes amis, j'aurais voulu le voir. Quoiqu'il en soit, je veux me reposer ici. Faites avertir que demain il y aura une messe.

— Votre nom, s'il vous plaît?

— Oh! votre curé me connaît, vous n'avez qu'à lui dire, quand il viendra, que c'est un de ses amis qui est bossu.

Il remplaça le curé le dimanche, fit le prône, et repartit le lendemain sans dire son nom.

Le curé de retour : Qu'y a-t-il eu de nouveau? demanda-t-il à la ménagère.

— Rien... Ah! attendez donc; il est venu un prêtre qui a dit qu'il était un de vos amis, il est bossu.

— Un prêtre de mes amis, qui est bossu...

— Il a dit la messe le dimanche, et il est reparti sans vouloir dire son nom.

— Un prêtre de mes amis qui est bossu?

— Il a dit que vous le connaissiez bien.

— Je n'ai point d'amis qui soit bossu. Un prêtre bossu. Ah! dit le curé en poussant une exclamation! il n'y a que l'évêque qui soit bossu.

— L'évêque! fit la ménagère en tressaillant.

— C'est l'évêque, dit le curé, je suis perdu!

Deux ou trois jours après, le curé recevait une lettre de l'évêché.

— Allons, voilà mon changement, dit le curé. Pourtant la lettre l'invitait seulement à se rendre à l'évêché. Il s'y rend tout tremblant.

— Monsieur le curé, lui dit amicalement l'évêque, je vous ai manqué l'autre jour, nous dînons ensemble aujourd'hui.

Le curé tout étonné se dit à lui-même : C'est au dîner qu'aura lieu le sermon.

L'évêque égaya le repas; pour le curé, il était inquiet et croyait à chaque instant entendre déjà la tempête.

Le dessert, puis le café furent servis.— Toujours point de sermon, gare après le dîner! et pourtant toujours rien. Le curé n'en revenait pas. Pourtant il fallut bien prendre congé de son hôte.

— Je voulais dîner avec vous, dit l'évêque, et dans votre paroisse vous vous souviendrez de moi.

Ce fut toute la morale. Le curé sortit, mais voyant que malgré ses torts, l'évêque l'avait si bien reçu, il rentra et lui fit ses excuses, promettant qu'il ne quitterait plus sa paroisse. Et il tint parole.

Un curé se croyant un jour compromis devant toute sa paroisse, perd la tête, et le samedi même va trouver l'évêque pour lui raconter ce qui est arrivé. — Je suis désormais impossible dans cette paroisse, dit le curé; et je viens vous donner ma démission.

— Oh! je ne l'accepte pas, dit l'évêque. Combien y a-t-il de personnes qui puissent vous accuser?

— Une seule.

— Eh bien! *testis unus, testis nullus.* — Le témoignage d'un seul est nul. Vous allez retourner dans votre paroisse. Et à l'instant il appelle un domestique, et lui ordonna de reconduire en voiture le curé à cinq minutes de son clocher, et de revenir de suite.

Le curé arriva le dimanche de grand matin, et quand on le vit dire la messe, personne n'y trouva à redire.

Si l'évêque l'eût pris à rebours, il était à deux doigt de sa perte.

On voit cette âme bienveillante chez les plus dignes entre les évêques.

Donc avant d'en venir à des voies de rigueur, il faut commencer par la douceur. On prend plus de mouches avec un peu de miel qu'avec cent barils de vinaigre.

Avant donc d'interdire M. l'abbé Théolière, de le déshonorer devant toute la société, et le faire passer pour ce qu'il n'était pas, il fallait donc l'avertir, afin de pouvoir combiner avec lui ce qu'il y avait à faire pour concilier ses intérêts au Jardin d'Hiver avec l'honneur de l'Eglise, c'était là les plus simples éléments de la charité et de la justice.

D'après les lois de l'Eglise il faut des monitions avant l'interdit. La monition vient du verbe *monere*, avertir. Ce n'est en effet qu'un avertissement de faire ou de ne pas faire certaines choses. Si la charité et la douceur doivent toujours accompaguer les jugements ecclésiastiques, où il s'agit de prononcer des peines, c'est que J.-C. lui-même en a fait une leçon par ces mots. « *Si Ecclesiam non audierit.* » (Math., XVIII; s'il n'entend pas l'Eglise.) Pour qu'on entende l'Eglise, il faut qu'elle ait parlé. L'Eglise recommande toujours d'user de délais et d'avis charitables, avant d'en venir à la sévérité des jugements. Les canons l'ordonnent expressément, et alors on ne peut procéder dûment à la condamnation que le prévenu n'ait été dûment averti (*Chrysost. hom. 67, in Mathieu.*) *Hic enim de causá non statim abcindit, sed ad tertium usque judicium progressus est, ut si primo non paruerit, obtemperet alteri, quod si secundum etiam spreverit, tertio saltem moveatur, at si hoc etiam neglexerit, æterna supplicia tandem et judicium Dei expavescat.*

1° *Comme on ne peut prononcer de censures que contre ceux qui refusent d'obéir aux ordres de l'Eglise qui leur sont connus,* ces censures doivent être précédées de monitions canoniques, qu'il faut faire en présence de témoins, soit que le supérieur ordonne une chose, soit qu'il la défende. *Statuimus ut nec prælati (nisi canonica commonitione promissà) suspensionis vel excommunicationis sententiam proferant.* (*Reprehensibilis, de appel C. cum specialis, eod C. sacra, de sententia excommunicationis.*)

Le concile de Latran interdit l'entrée de l'église pendant un mois à ceux qui ont prononcé des censures sans monition canonique. Et quoique les évêques, pour le bien d'un diocèse, ne soient interdits que quand ils sont nommés par les canons, il faut néanmoins conclure que c'est un grand mal pour eux d'omettre la monition.

2° Une monition est censée canonique, convenable et suffisante, quand elle a été faite par trois fois, comme l'enseigne *la Glose*. (*De sententio excommunicationis, verb. moniti.*) En France, les monitions doivent avoir huit jours d'intervalle, le moindre espace qu'on puisse mettre est de trois jours.

Le Parlement de Paris rendit, le 30 décembre 1669, un arrêt contre l'évêque d'Amiens, en faveur du doyen de l'église collégiale de Roye, que ce prélat avait interdit sans observer dans les monitions les intervalles raisonnables.

Les évêques ne peuvent donc point se mettre au-dessus des canons de l'Église. Le faire, c'est persécuter l'Eglise. Nous comprenons la réponse que le pape fit à saint Hugues, évêque de Grenoble. Cet évêque, l'un des plus saints et des plus zélés de son siècle, qui servit si utilement l'Eglise durant le schisme venu après la mort d'Honorius ; qui eût l'avantage d'établir saint Bruno et ses compagnons dans les montagnes de la Chartreuse, se croyant incapable de soutenir sa charge, fit plusieurs tentatives pour se décharger du fardeau de l'épiscopat. Mais le pape l'exhorta à en soutenir avec courage les travaux dans un temps où les bons évêques devenaient si rares. Le pape eût bien laissé courir un sabreur de canons.

3° Les monitions sont obligatoires pour un évêque dans les jugements d'inquisition en matière de censures, *etiam si clericus loca infamia frequentaret, aut esset concubinarius.*

4° Il faut que les monitions soient faites par écrit, qu'elles contiennent la *cause* pour laquelle on veut punir une personne de censure, et qu'on donne une copie au coupable, ce qui se fait par le ministère d'un appariteur ou d'un prêtre. Les mêmes formalités sont encore plus *essentiellement requises dans la sentence même que porte la censure* ; le coupable doit en avoir une copie dans le mois. (*Quisquis igitur excommunicat excommunationem in scriptis proferat, et causam excommunicationis expresse conscribat, propter quam excommunicato tradere... et hæc eadem in suspensione, et interdicti sententiis volumus observari. Innocentius IV, in concilio Lugd., cap. medicinalis, in sexto.*)

5° Supposé qu'un clerc soit tombé dans *un péché tellement grave*, que la censure ne requiert pas de monition, mais seulement une sentence déclaratoire (*censure latæ sententia*) ; y eût-il notoriété de fait, c'est-à-dire le péché fût-il connu de tout le monde, le prévenu doit être cité devant l'évêque ou son tribunal, parce que personne ne doit être condamné sans avoir été entendu. (*Canon infrà.*)

6° Il faut encore (suivant le canon *nomen presbyteri* 2, *quest.* 1, et le canon *presbyter* 15, *quest.* 5), il faut qu'un péché, pour être puni, soit certain, et que son auteur en soit convaincu. *In episcoporum quoque concilio constitutum est nullum clericum qui nondum convictus est, suspendi à communione debere, nisi prius ad causam suam examinandam se præsentaverit.*

7° Il faut de plus que ce péché mortel, d'ailleurs contraire à la loi naturelle et divine, soit défendu sous peine de censure, par un précepte ecclésiastique, parce que cette peine n'a été établie que pour conserver la discipline extérieure de l'Eglise, en maintenant son autorité contre ceux qui méprisent ses ordres : *Si ecclesiam audierit publicanus.*

Or, il n'y a ni désobéissance ni révolte contre l'Eglise, à faire une chose au sujet de laquelle elle n'a fait aucune défense.

Les monitions pour l'abbé Théolière, où sont-elles ?

Il ne devait pas y avoir de monitions, me direz-vous, le cas était urgent : il fallait une punition de suite pour l'exemple. Alors vous voulez dire que M. Théolière a fait quelque chose de plus grave que tout ce qu'on lui a reproché ; le cardinal devait l'exprimer dans sa lettre d'interdit, comme il est dit au 4°.

Or, dans cette lettre il n'est question que de procès.

Il devait y avoir au moins une citation. Qu'en est-il ? Rien.

Pourquoi M. Théolière n'a-t-il mérité ni une monition, ni une citation ? On a cherché à droite, à gauche, point de raison que la *réclamation* faite par devant tribunaux des droits de sa sœur, et de tous ceux qui lui avaient prêté de l'argent pour *changer la destination du Jardin d'Hiver.*

Je me suis souvent demandé, dit M. Théolière, si le cardinal se croyant fondé à m'interdire *ex informata conscientia*, j'avais le droit de me plaindre. Cette pensée m'a intimidé et travaillé longtemps. J'ai demandé nombre et nombre de fois à S. E. qu'elle établisse en présence de témoins une conférence de théologiens impartiaux dans laquelle elle exposera ses raisons, et moi les miennes ; si l'on montre que c'est moi qui ai tort, je fais une rétractation publique, par un écrit, et dans les journaux, et par tous les moyens. Le cardinal s'est obstiné à refuser. Il m'a dit qu'il ne m'avait pas interdit, et qu'il n'avait pas besoin de théologiens. »

Pauvre M. Théolière, faut-il que vous ayez été bloqué d'un côté par des industriels, et que l'autre ce soit par votre archevêque ?

Eminence, si tout le clergé de Lyon n'a pas vu que votre interdit ait porté à faux, tout le clergé de Lyon a vu que vous n'aviez aucune raison de vous dispenser d'observer pour M. Théolière les canons de l'Eglise, soit à l'égard des monitions, soit à l'égard de la sentence elle-même.

Cette procédure était absolument nécessaire pour que l'accusé pût se défendre en toute liberté, et que s'il était coupable, il ne fût pas autorisé à dire aujourd'hui : J'ai été condamné arbitrairement. *La notoriété publique ne doit pas dispenser de ces formalités, de quelque nature que soit les censures, à jure, vel ab homine, ipso facto, vel comminatoriæ.* Il est toujours nécessaire que celui contre lequel on doit procéder par la voie de censure, soit cité par l'ordre du supérieur. Si l'accusé obéit à la citation et convient des faits dont il est accusé, où fait un procès-verbal de son interrogatoire, et de ses réponses qu'il doit signer, on ordonne que le tout soit communiqué au promoteur ; et après qu'il a pris ses conclusions, le supérieur déclare par un jugement que l'accusé a encouru les censures ordonnées par telle loi, tel canon, telle ordonnance, lorsqu'il est question des censures encourues *ipso facto.*

Mais si les censures ne sont pas comminatoires, on prononce contre l'accusé, qu'on l'interdit jusqu'à ce qu'il ait exécuté telle ou telle chose.

Si l'accusé ayant été cité ne comparaît pas, il doit être contumace par sa désobéissance ; mais s'il se présente, qu'il nie les faits dont on l'accuse, et que l'on soit obligé, pour avoir la preuve, de procéder contre lui par confirmation, par l'audition des témoins, cette instruction doit être faite par l'official.

Mais, Eminence, vous avez si bien manqué à toutes ces règles, que lorsque M. Théolière vous fit une visite, il y a deux ans, vous n'avez pas cru pouvoir faire autrement que de dire : Je ne vous ai pas interdit, vous pouviez bien dire la messe dans une autre chapelle.

Vous avez sans doute oublié, répond M. Théolière, votre lettre par laquelle vous me défendiez de célébrer dans *tout votre diocèse ;* mais je la conserve avec soin, moi.

Malheureux authentique, sans lui vous aviez, Eminence, trouvé le parti le plus adroit pour vous tirer d'affaire, car le moyen de justifier cet interdit? Comment appliquerez-vous à M. Théolière ces paroles de saint Cyprien : *Spiritali gladio contumaces necantur.*

M. Barou lui a dit : *Vous devez bien voir les livres;* et Votre Eminence lui a dit : *Soignez bien vos intérêts;* et il serait contumace? Vous lui avez dit : *Soignez bien vos intérêts;* et parce qu'il les soigne, vous l'interdisez ! Vous l'interdisez non point parce que, déguisé en laïque, il serait allé voir les livres de compte, il n'y allait pas, ni pour un autre motif, mais parce qu'il soutient ses droits et ceux des autres, y étant obligé sous peine de péché mortel. Dans quel canon avez-vous vu que ceci fut un délit punissable d'interdit? Vous l'interdisez pour une assignation que lui n'a point faite, quoiqu'il eût le droit de la faire? Et pas une seule monition que l'on ferait au plus grand coupable. Point de citation ! *Constitutum est priùs adexaminandam causam se præsentaverit.*

Les tribunaux civils pourtant traitent leurs accusés avec égard et respect, et reçoivent les témoignages à décharge avec plus d'empressement que les témoignages à charge. Et vous, archevêque de Lyon, vous n'avez pas eu pour M. Théolière, votre prêtre dont les antécédents n'ont pas été sans quelque illustration, votre prêtre que vous deviez défendre en public et en particulier contre ses détracteurs et ses ennemis, au milieu desquels il se débattait comme une victime prise en un piége, vous n'avez pas même eu pour lui les égards qu'on a pour un criminel méritant la peine capitale !!

Ce qui aggrave de beaucoup le mal de l'interdit, c'est d'avoir été lancé au moment du procès?

Qu'aurait fait de plus S. E., si M. Théolière connaissant parfaitement le Jardin d'Hiver, y eût placé volontairement son argent, non celui des autres, malgré les conseils et les ordres de l'archevêché, s'il eût favorisé les danses du Jardin d'Hiver, qu'il y eût fait donner des fêtes, etc., et qu'il se fût rendu plus coupable encore, et s'il eût pu au milieu du procès retirer ses droits ?

Et cependant, même dans ce cas, selon tous les gens sensés, S. E. n'aurait-elle pas dû suspendre l'interdit au moment où M. Théolière défendait ses droits? C'était, je crois, le cas de se radoucir un peu, vu la mauvaise impression qu'un interdit pouvait faire sur les juges. Personne ne l'aurait trouvé mauvais, quand même les trois monitions eussent été lancées à huit jours de distance; car il s'agissait d'une affaire d'environ trois cents mille francs, vu les fonds fournis à M. Théolière, etc. Le caractère sacerdotal n'ôte pas au prêtre ses droits de citoyen, n'en fait pas un mort civil; et à ce point de vue, le cardinal devait lui prêter main-forte, l'excuser devant ses adversaires, pallier les choses comme un supérieur doit toujours le faire.

Mais le moyen de l'excuser de s'être conduit comme il l'a fait?

Si le concile de Latran interdit pendant un mois l'entrée de l'Eglise à celui qui omet la monition, si le parlement de Paris prononça un arrêt contre l'évêque d'Amiens qui n'avait pas observé les intervalles raisonnables entre les monitions, que mériterait l'archevêque pour n'avoir fait aucune monition, pour avoir interdit M. Théolière à cause d'une assignation dont il n'était pas l'auteur, et dans une affaire où il avait son approbation et celle du grand vicaire, affaire qu'il était obligé en conscience de soutenir devant les tribunaux, et remarquez bien pour avoir accordé au moment critique cet interdit tant sollicité par des ennemis? Eminence, voyez donc vos trois manières de faire et de prononcer. Une première fois votre administration l'autorise à aller au Jardin d'Hiver pour voir les livres, une seconde fois, après avoir donné imprudemment une lettre à l'avocat de la partie adverse, vous dîtes vous-même à M. Théolière, de bien veiller à ses intérêts, et comment y veillera-t-il, s'il ne peut aller en effet au Jardin d'Hiver voir les livres, ce que vous appuyez d'une lettre pour le président.

Puis, vous levez un second interdit, que vous vous étiez laissé surprendre par ses adversaires, à la condition seule *qu'il ne mettra pas les pieds au Jardin d'Hiver.* (Mémoire, page 6.) Enfin, une troisième fois, après avoir levé cet interdit, quoique M. Théolière ait religieusement rempli cette condition unique, vous lancez un dernier interdit, lorsque le procès est dans toute son activité, et toujours sur les instances et dans l'intérêt des adversaires, puisqu'avant les procès vous ne l'interdisiez pas.

Vous écoutez les ennemis de M. Théolière, comme vous le dites vous-même (voir la lettre de S. E., Mém. 18.), et vous n'interrogez pas ses hommes d'affaire)? Et lui vous ne voulez même pas l'entendre!!! (Mémoire 7.) Le cardinal reçut M. Théolière entre deux portes.

— Ah! on est encore venu. Il faut absolument que vous renonciez à ces procès.

— Mais je ne le puis pas, Eminence, répond M. Théolière, la position est changée, il s'agit maintenant de sommes énormes; des amis m'ont obligé pour me soutenir, il faut bien que je fasse honneur à mes affaires.

— Nous ne pouvons pas tant que vous serez dans ces procès.

— Mais vous voyez bien que mes adversaires vont abuser de ce moyen, qu'ils ont extorqué à votre Eminence ; si vous ne levez pas cet interdit, vous allez être cause de ma ruine ; je serai plus tard à votre charge.

— Peux pas, peux pas.

La bonne aubaine vraiment pour ses adversaires ! Jusque là, la même cause avait été gagnée deux fois par M. Théolière, et dans des circonstances plus difficiles. Cette fois-ci il en sera autrement. L'avocat de Guillaud à l'audience, agitant ses bras, commença ainsi son exorde d'une voix retentissante : On ne nous débarrassera donc jamais de ce prêtre interdit. « Cet interdit produisit sur les juges un effet terrible même à leur insu. Leur esprit est fasciné : C'est un prêtre interdit uniquement *à cause de son procès.* Puisque le cardinal ne l'interdit que pour son procès, les prétentions de M. Théolière lui ont paru injustes ; *son procès est mauvais, puisque l'archevêque lui défend de le soutenir.* M. Théolière est un escroc, un homme de mauvaise foi. »

Mettons-nous à la place des juges ; quel est l'homme de sens et de bonne foi, en effet, qui ne comprendra pas, et n'avancera pas que la religion des juges a été surprise par la conduite du cardinal envers M. Théolière et qu'ils ont basé cet interdit sur l'inconduite et l'improbité de ce prêtre, chose excessivement pernicieuse à la morale, les écarts supposés d'un prêtre dans un établissement public !

En conséquence de cet interdit, les juges ont dû conclure qu'il fallait, dans l'intérêt de la morale publique, faire cesser à tout prix un scandale pareil ; même au détriment privé d'un pareil homme, qui n'observait pas les plus simples règles de la prudence la plus vulgaire, vu que l'intérêt privé doit céder à l'intérêt général, et qu'il n'y avait d'autres moyens à employer que de le faire disparaître de cette affaire, lorsqu'il y aurait perdu tout droit. Et en cela, ils ont cru rendre service à Dieu, se mettant de concert avec l'archevêque, leur guide naturel en pareille occurence. Car ils ont dû agir en ceci d'après ce principe, que la présomption est en faveur du supérieur, *præsumptio stæt pro superiore*, et que S. E. avait bien examiné la chose avant de lui défendre, sous peine d'interdit, de soutenir son procès. En sorte que si les juges eussent eu moins de religion, M. Théolière n'aurait pas perdu son procès, parce que les juges n'auraient pas autant compté sur la prudence d'un tel supérieur (*cardinal de la Sainte Eglise*). Donc, s'ils ont erré, la faute doit en retomber évidemment sur S. E.

Quelques-uns disent : Mais les juges avaient bien les titres des diverses parties. Si les titres, quoique certains, étaient si clairs, il n'y aurait jamais de procès, ni aucun besoin de juges. M. Théoliere avait bien des titres fondés ; les autres aussi faisaient voir les leurs. Mais lorsque dans quelque balance que ce soit, même celle de la justice, un surcroît de poids pareil vient à tomber, le plateau de la balance ne doit-il pas se précipiter, ce plateau dans lequel tombait l'interdit !!

Preuve de Fait.

M. Théolière, vous payerez, s'il vous plaît, quatre mille francs pour la location d'une maison dont on a tenu les portes fermées. Vous deviez donner une autre destination au Jardin d'Hiver, en bannir les danses ; peu importe, c'est un prêtre interdit, pour procès, c'est tout dire. La cause est entendue, qu'avons-nous besoin de témoins et d'avocat.

S. E. le cardinal de Bonald est obligé à une réparation.

L'évêque arrachant le jeune homme à sa famille pour l'employer dans les travaux évangéliques, s'engage, par une sorte de contrat à avoir de lui tout le soin qu'il peut. Quand Dieu établit un évêque, il établit un ministre de sa charité. *Charitatis tuæ præficis ministros.*

Je crois bien que ces paroles de Jésus-Christ à ses apôtres et à leurs successeurs : *Si quis vult primus esse, erit omnium minister,* ne veulent pas dire que les dignitaires de l'Eglise doivent être des aristocrates, des gens fiers et orgueilleux, mais qu'ils aient soin de leurs administrés, et des fidèles et des prêtres, et qu'ils ne sont là que pour cela.

C'était bien ainsi que l'entendait saint Paul. « Je suis innocent du *sang de tout le monde,* car je n'ai pas cherché de subterfuge pour me dispenser de vous annoncer tous les conseils de Dieu. » Quand on veut voir le sens de toutes ces paroles, il faut bien se garder d'aller consulter le flatteur d'un dignitaire de l'Eglise, ni tout autre esprit se permettant de modifier les lois de Dieu et de l'Eglise à sa manière, il faut voir les interprétations des conciles généraux.

Quand je lis le traité de l'ordre de Mgr Bouvier, au lieu de le voir commencer à faire une dissertation sur *le lieu le plus élevé* que doit occuper un évêque dans l'Eglise, etc.; sur sa dignité, etc., sur les noms de Monseigneur, votre Grandeur, sa Grandeur, *Magnitudinis, Celsitudinis, Amplitudinis,* etc ; sur la puissance de l'évêque, etc., etc., j'aimerais mieux lui voir traiter le point paternité religieuse de l'évêque (*cupidè volebamus tradere non solum evangelium sed etiam animas nostras*), que de nous amuser à ce qui ressemble assez au néant des choses de la terre, aucun de tous ces titres ne vaut le mot *Pater.* Quel titre Dieu veut-il qu'on lui donne : *Pater.* J'aimerais mieux que Mgr Bouvier mit d'abord en évidence ce texte du concile de Trente qui fait voir le rôle de l'évêque : *Patriarchæ, primates, metropolitani et episcopi propriam diœcesim per seipsos, ant si legitimè impediti fuerint, per suum..... visitatorem, si quotannis totam, visitare non potuerunt, saltem majorem ejus partem, ita tamen ut totam biennio... compleatur visitare non protermittant.*

Les patriarches, les primats, les métropolitains et les évêques, visiteront eux-mêmes leur diocèse, ou si une raison légitime les empêche, ils le feront par leur visiteur, de manière que si le diocèse ne peut pas être visité tout entier en un an, il ne *manque* pas de l'être en deux ans. Mais ne pressons pas trop M. Bouvier, il était évêque... On se garderait bien de demander à S. E. pourquoi ce passage ne se lit pas aux canons de prime. Pourtant ce n'est pas mon affaire de faire une thèse sur ces textes; leurs meilleurs développement et interprétation se trouvent dans la vie des Belzunze, des Cheverus, des Quélen, des Affres, etc., que nous trouvons à évangéliser les pauvres, à se sacrifier pour tous; à secourir les pestiférés, ou à mourir pour leurs peuples sur des barricades. Ce qu'il me faut ici, c'est de prouver que la moindre des choses que M. Théolière avait droit d'exiger de son archevêque, c'était que S. E. ne fit rien contre lui. Est-il même besoin pour être obligé à cela, d'être archevêque, d'être honoré de mille titres sur la Sainte-Trinité au mont Pintius (un poète préférerait peut-être le Mont-Parnasse), avec beaucoup d'autres armoiries qui excitent peut-être plus la curiosité qu'elles ne font avancer les âmes dans la perfection chrétienne. Mais ne nous arrêtons point là : il serait à craindre de semer quelques terreurs paniques funestes à la société, ou au moins dangereuses pour les imaginations qui ne savent pas qu'il peut se trouver des petitesses dans les plus grandes âmes, faiblesses humaines cachées sous les affublements, lesquelles seraient guéries facilement par un simple philosophe de l'antiquité.

Pour en revenir, S. E. le cardinal de Bonald ne pouvait succéder à un apôtre sans s'engager à remplir la charge, non d'un proconsul, mais d'un apôtre.

Outre la protection à laquelle S. E. le cardinal de Bonald s'est engagé envers M. Théolière, lorsqu'il d'accepta la charge de soigner la province lyonnaise, il y a eu entre S. E. et M. l'abbé Théolière un autre quasi-contrat.

Par là même que M. Barou et S. E. avaient approuvé qu'il *veillât à ses affaires au Jardin d'Hiver,* l'archevêché s'engageait à ne rien faire qui pût le moins du monde nuire aux intérêts du prêtre qui comptait là-dessus et qui avait droit d'y compter.

Et S. E. accordant aux ennemis de M. Théolière, après et malgré toutes ses approbations, cet interdit tant sollicité par eux, se faisait attaquer par lui, même dans le cas où le procès était sans danger.

Or, ce M. Théolière ayant été ruiné par cet interdit, puisqu'auparavant la même cause avait toujours été gagnée, et dans des conditions plus difficiles (5. Appendice 4), non-seulement M. Théolière étant ruiné, mais se trouvant poursuivi par des créanciers qui lui avaient prêté de l'argent pour changer la destination du Jardin d'Hiver, de manière qu'il ne peut pas avoir un domicile à lui, qui me fera croire à moi que S. E. le cardinal de Bonald n'est tenu à aucune réparation?

Il est enseigné dans toute l'Eglise, écrit dans toutes les théologies, que tout homme qui librement a fourni à un autre homme le moyen de causer un dommage, est tenu, si cet individu ne répare pas, à faire toute la réparation à sa place, parce qu'il a contribué efficacement à tout le dommage, et que sans son aide le dommage n'aurait pas eu lieu. S. E. se trouve dans le même cas et a contribué efficacement à la ruine de M. Théolière : sans l'interdit, il n'eût pas perdu son procès.

Il est vrai que celui qui n'a pas prévu d'une manière obscure, *saltem obscure*, le dommage qui doit résulter de son acte, n'est pas obligé à restitution ; mais la justice humaine se défie de ces sortes d'excuses, dont Dieu seul connaît la valeur ; et s'il est prouvé devant les tribunaux que quelqu'un a causé un dommage par sa négligence, il est condamné malgré toutes ses protestations ; et même celui qui s'est engagé à prendre soin d'une chose, si elle périt par son manquement même involontaire, il est condamné aux dépens.

Mais ici comment le cardinal pourrait-il prouver qu'il n'a pas prévu ni pu prévoir que l'interdit ruinerait M. Théolière ?

D'abord, l'interdisant *ex abrupto*, sans monition aucune, n'est-il pas responsable de sa précipitation ? Il est clair comme le jour que tout homme qui juge ne peut porter son jugement sans s'être éclairé auparavant, surtout dans des choses aussi graves. Et son ignorance ne peut l'excuser. Saint Thomas (2. 2. *quest.* 60, *art.* 2) nous enseigne que le jugement n'est licite qu'autant qu'il est un acte de la justice. Or, pour que « le jugement soit un acte de la justice, il faut trois « choses : premièrement qu'il soit inspiré par la justice ; seconde-« ment qu'il soit porté par une autorité compétente ; troisièmement « qu'il soit dicté par une raison suffisamment éclairée. Une de ces « conditions manquant, le jugement est vicieux et illicite. Il l'est d'abord « quand il est conçu contre la droiture de la justice ; et c'est le jugement « pervers et injuste. Il est encore tel quand il porte sur les choses « qui ne sont pas de la juridiction du juge ; et c'est alors le jugement « usurpé. Enfin, il est vicieux et illicite, quand il n'est pas basé sur « un motif certain, comme quand on juge des choses douteuses ou « inconnues sur de simples conjectures, ce qui constitue le jugement « par soupçon ou le jugement téméraire. »

Mgr de Bonald devait donc prendre des renseignements exacts sur l'affaire de M. Théolière. Pourtant il s'expose à être trompé comme il l'a été par les ennemis de M. Théolière ; sachant déjà qu'il avait été trompé par eux, il écoute leurs accusations, donne audience à leur avocat ; et pour M. Théolière, il le reçoit avec hauteur, entre deux portes, sans vouloir entendre aucune raison, ni recevoir aucun renseignement, sans vouloir jeter les yeux sur les pièces justificatives ; il le laisse interdit pendant un an, sans tenir compte des avertissements. Et l'ignorance de la vérité doit excuser le cardinal et faire dire qu'il n'a pas prévu ?

Un général en chef, qui a pris une grande part à la décision d'une guerre injuste, donne précipitamment des ordres pour bombarder une ville, répond-il, oui ou non, des dommages et des victimes ? Dans l'imprudence du cardinal, il y a quelque chose de plus ; car il a fait tout seul la loi par laquelle il serait défendu à un prêtre de plaider pour la conservation de son patrimoine, et des droits d'autrui à lui confiés ; puis, à l'exemple de ce général d'armée, il lance précipitamment cet interdit tant sollicité, avec lequel l'avocat de la partie adverse, sans entrer sérieusement dans la discussion du procès, compose tout son discours, écrase M. l'abbé Théolière. Et le cardinal ne serait responsable de rien? et il n'a pas prévu cela !

Le concile de Latran porte des peines contre celui qui interdit sans monition, l'interdit fût-il juste. Et S. E. qui, passant pardessus tous les canons, les contrats et le droit naturel, se laisse tromper par les industriels et cause un préjudice de trois cent mille francs à un prêtre, lui met sur les épaules une foule de créanciers : le voilà, faites-en ce que vous voudrez, le rend la fable de toute une contrée en ruinant sa réputation, S. E. ne lui doit absolument rien, ni pour son honneur, ni pour son patrimoine.

Ce n'est pas précisément ainsi que la chose a été jugée par M. Chantelauze et par le clergé de Lyon. « Ce qui t'a fait le plus de « mal dans tout cela, disait l'ancien ministre de Charles X à son « neveu, c'est l'archevêché. »

Un ecclésiastique fort recommandable disait en ma présence, il y a quelques mois : « C'est l'interdit du cardinal qui a fait perdre à M. Théolière son procès, c'est reconnu de tout le monde ; on ne sait pas pourquoi il a été interdit. » A Lyon, d'autres ecclésiastiques disent tout doucement, pour ne pas être entendus du maître qui est à leur porte : « Je ns voudrais pas devoir à M. l'abbé Théolière tout ce que lui doit le cardinal. »

Un curé inamovible de Saint-Etienne disait à M. Théolière : « Dès lors que le cardinal a concédé à vos adversaires l'interdit motivé sur l'assignation qu'ils lui présentaient, il est solidaire et doit payer. »

Que pensait M. de Chantelauze de tout ceci? dit M. Théolière (4 à 5). « Après que j'eus recouvré la permission de dire la messe, « j'allai la dire à la cathédrale, paroisse des tribunaux ; mes adver- « saires et leurs hommes d'affaires, croyant que c'était pour les « narguer, revinrent de nouveau à la charge pour me faire inter- « dire. Une personne m'en prévenant charitablement, je lui ré- « pondis : Que voulez-vous que j'y fasse? je ne puis pas empêcher « le cardinal de m'interdire. On me dit qu'il fallait prier mon oncle « d'écrire au cardinal ; je dis encore que je n'avais pas voulu jusqu'ici « et que désormais c'était trop tard ; et comme on avait la bonté « d'insister encore, je répondis : Je vous remercie, je verrai. Je fus « raconter ceci à mon oncle qui immédiatement mit la main à la « plume.

« 17 avril 1856.

« A S. E. le cardinal de Bonald.

« Monseigneur,

« J'apprends que mon neveu, l'abbé Théolière, est en but à de « nouvelles persécutions. Il est prêt à donner à MM. les grands- « vicaires et à vous, Monseigneur, si vous daignez l'entendre, les « explications qui paraîtront nécessaires. Il s'est conformé d'ailleurs, « exactement aux ordres de Votre Eminence : il ne prenait aucune « part à la gestion du Jardin d'Hiver ; il est même dépouillé de ce qui

« lui appartenait dans cet établissement ; il est réduit, il est vrai, à
« soutenir encore des procès, soit contre son cessionnaire, soit
« contre les ouvriers que l'ancien gérant avait employés, non pour
« recouvrer personnellement ce qui lui est dû, mais pour ne pas
« laisser enlever à des créanciers une partie importante de leurs
« ressources. Les pièces qu'il m'a communiqué prouvent la vérité
« de ces assertions ; et s'il a eu le malheur de confier ses fonds à des
« hommes de mauvaise foi, il n'a pas du moins à se disculper d'avoir
« manqué à la probité et à la délicatesse.

« Je supplie V. E. de suspendre son jugement jusqu'à ce qu'elle
« soit mieux éclairée sur la conduite de cet ecclésiastique qu'une
« dernière interdiction dégraderait encore moralement et plongerait
« dans la plus complète détresse.

« Je suis avec respect,

« Monseigneur,

« De Votre Eminence le très-humble et très-obéissant serviteur,

« DE CHANTELAUZE. »

Plus on examine cette lettre, et plus elle fait impression par sa
force et sa modération. *Fortiter et suaviter.* Il sait dire poliment au
cardinal qu'en interdisant M. Théolière, il se rangeait du côté de ses
adversaires.

Un théologien disait à M. Théolière : « J'estime que le cardinal
devrait d'abord payer vos dettes et les frais que tout cela vous a
coûtés, puis vous rembourser votre patrimoine, après cela vous
donner un poste convenable ; quant aux bénéfices que vous auriez pu
faire, selon les probabilités, je vous conseillerais de n'y plus songer
et d'en faire le sacrifice. »

Pourquoi M. Théolière serait-il dans une condition pire que
beaucoup d'ecclésiastiques qui ne se sont point crus obligés de
renoncer à de fort beaux bénéfices tirées d'actions industrielles
achetées à bas prix.

Comme S. E. ne reconnaissait pas très-vite ses torts, on a dit :
« Je ne comprends pas comment il n'a pas cherché à ranger cette
affaire. »

Les prêtres se parlent très-bas à l'oreille, en attendant qu'ils
gémissent plus fort.

Pour moi, si j'avais, même involontairement, causé du tort à
l'un de mes administrés, je vendrais mes chevaux, ma voiture et
mes actions industrielles ; je renverrais tous mes domestiques, ré-
duisant mes dépenses à la plus simple expression, et je ne dormirais
ni le jour ni la nuit, tant que je sentirais quelqu'un souffrir le moins
du monde à cause de moi, tant que je n'aurais pas réparé le dommage jusqu'à la dernière obole. Mais la dignité épiscopale ? La
religion de Jésus-Christ serait bien à plaindre si elle n'était soutenue
que par l'opulence. On voit des évêques menant une vie très-pauvre
et très-austère ; ce ne sont pas les moindres hommes, ni les moins
considérés.

Mais, dira-t-on, le cardinal a fait cela, donc il a eu raison ; comme qui dirait : L'évêque Cauchon livra Jeanne d'Arc aux Anglais, donc il eut raison.

Si le cardinal lui-même, malgré lui, avoue qu'il est coupable, le croirez-vous ? Oui. Or, il l'avoue malgré lui. Ce n'est pas seulement en parole : « Je me suis laissé circonvenir, je suis allé un peu vite, » mais c'est encore par son silence. Depuis longtemps il est à la recherche des faux-fuyants pour s'en tirer. Tantôt il s'en va de Lyon comme pour éviter M. Théolière ; tantôt il donne des réponses évasives : Monsieur l'abbé, écrivez en français ; ou bien : Je n'ai vu aucun de vos créanciers. — Vous faites imprimer des livres, donc l'argent ne vous manquait pas. — Les curés de Lyon, ils sont venus en corps. — Les canons, ils sont contre vous. — C'est avec mon conseil que j'ai agi ; les observations qu'on m'a faites contre vous étaient vives et pressantes (Mém. 18). — Et ce qui est plus fort, cette dénégation : Je ne vous ai pas interdit (VI A. 1). Donc il regardait l'interdit comme injuste et dommageable. Tout mauvais cas est niable.

Pourquoi cependant ne pas répondre directement à M. Théolière ? Pourquoi, au contraire, l'accabler davantage ? Le croirait-on ? S. E. a interdit à M. Théolière, sous un prétexte ou sous un autre, l'hospice des prêtres de Vernaison, fondé et entretenu par la libéralité du clergé de Lyon et par les revenus de cette Église, en a-t-elle le droit ? Elle lui refuse encore 400 francs qui lui ont été votés par les prêtres, en a-t-elle le droit ? *Tantœm animis cœlestibus iræ.* Prendre un homme par la famine, quand on n'a pas de raison à lui donner !!! Le cardinal répond que M. Théolière se sert de l'argent qu'on lui donne pour faire un Mémoire A-t-il oublié ce texte de l'Evangile ? *Si autem peccaverit in te frater tuus, vade et corripe cum inter te et ipsum solum... Si autem te non audierit, adhibe tecum te duo vel tres... Quod si non audierit eos, dic Ecclesiæ ?* (Si votre frère pèche contre vous, allez et reprenez-le entre lui et vous ; s'il ne vous écoute pas, prenez deux ou trois témoins ; s'il ne les écoute pas, dites-le à l'Eglise.) S. E. est-elle recevable à venir se plaindre du Mémoire ? N'a-t-elle point, sans autre forme de procès, dénoncé M. Théolière comme punissable d'interdit à l'avocat de ses adversaires, lequel avocat a publié la lettre en plein tribunal. Depuis quand est-il permis à une Eminence de ne pas observer l'Evangile. *Corripe cum inter te et ipsum solum.* S. E. ne devait-elle pas parler d'abord à M. Théolière avant de le dénoncer ? Quand on a accordé un interdit sans monition et un interdit injuste aux adversaires de ce prêtre, une Eminence ne peut pas trop se plaindre d'un Mémoire justificatif. Quand on a, par un interdit injuste, fait passer M. Théolière pour un homme immoral, pour un homme de mauvaise foi, qui soutient un procès injuste, au point que M. de Chantelauze, ancien ministre de Charles X et oncle de M. Théolière, est obligé, dans sa lettre, de soutenir la probité de son neveu : *Il n'a pas du moins à se disculper d'avoir manqué à la probité et à la délicatesse ;* quand injustement on a ruiné l'honneur et la réputation d'un prêtre dans toute une contrée, et qu'on a réussi à le faire passer pour un fou et une mauvaise tête ; quand , par un interdit qui a duré une année entière , on a fait perdre environ trois cent mille francs à un prêtre ; qu'on lui a mis sur les épaules une foule de créanciers toujours à sa poursuite ; qu'on a rendu sa vie très-agitée par des combats de procès *qu'il réprouve*, a-t-on bien le droit de se plaindre d'un Mémoire justificatif? En voilà une belle !

Personne n'a le droit de lever la langue ! On est cardinal, et *on n'a pas besoin de consulter les théologiens !* Saint Thomas d'Aquin n'en savait pas si long. C'est bon.

Il semble pourtant que devant Dieu , on peut faire une observation à un cardinal plus savant que Pic de la Mirandole ; il me semble encore que M. Théolière est très-modéré dans son Mémoire , et que d'autres , sans être autant poussés à bout que lui , seraient allés plus loin , et leur Mémoire se vendrait chez le libraire.

M. Théolière est allé parler en particulier à S. E., et il lui fallait beaucoup de courage ; car prêtres et séminaristes prétendent que S. E. le cardinal est passablement haut. Le : *Je n'ose pas parler au cardinal, il est trop fier*, se répète à droite et à gauche.

Le cardinal de Lyon, disait un étranger, mène ses prêtres en général d'armée.

Il en a donc coûté beaucoup à M. Théolière d'aller parler à S. E., pour suivre le : *Corripe eum inter te.* Il lui a écrit des lettres , rien, point de satisfaction. Il lui a fait parler par d'autres : *Adhibe tecum duo vel tres.* Il s'est vu enfin obligé de lui dire : Je serai à regret forcé d'écrire un Mémoire. *Dic Ecclesiæ.*

— Faites votre Mémoire, faites votre Mémoire, répond S. E.

Le Mémoire écrit, M. Théolière lui en a envoyé un exemplaire quinze jours avant de le distribuer.

— Il y a quinze jours que je connais votre Mémoire ; si vous en faites une seconde édition , je vous conseille de l'écrire en français.

Alors M. Théolière le prévient qu'il va le distribuer.

M. Théolière a toujours suivi cette marche dans ses Appendices ; en cela il a suivi l'Évangile : on ne peut pas le condamner. Et trouvez donc un autre moyen qu'un Mémoire dans un pays où il est étonnant qu'il n'y ait pas de tribunaux ecclésiastiques. Il a envoyé son Mémoire à Pie IX qui ne l'aura pas reçu ; car point de réponse. Les factions rommaniaques avaient intérêt à l'intercepter et à ménager S. E. le cardinal de Lyon, qu'il s'agissait de gagner à la liturgie romaine.

Il semble pourtant qu'il est digne de l'Église de pourvoir à ce que les sentences d'un évêque ne soient pas arbitraires, et surtout sans appel. C'est dans les intérêts de l'Église ; cela presse plus que d'affliger du romain tous les diocèses, et *d'aliéner les esprits contre le pape.*

Dans l'Église, il doit y avoir moyen d'empêcher un évêque de faire de l'absolutisme.

Saint Bernard , au risque d'être mal vu de l'archevêque de Sens, lui envoya des admonestations très-dures au sujet d'un archidiacre qu'il avait déposé avec plus de passion que de justice. (*Vie de saint Bernard*, page 187.) Encore douté-je fort que cet interdit eût fait perdre trois cent cent mille francs à cet archidiacre. Et puis l'on viendra dire le Mémoire de M. Théolière !!!... Mais tout homme de bonne foi se rendrait à ce Mémoire qui est, au jugement du clergé, empreint d'un sentiment de justice admirable. Car le fond de cet ouvrage consiste à demander une solution, surtout à l'égard des créanciers qui ont été le souffre-douleur de l'interdit de M. Théolière.

Ce qu'il demande, c'est un Conseil de théologiens impartiaux pour discuter pardevant témoins si M. Théolière a tort ou raison.

Savoir que ces théologiens prononcent :
                    Ou bien
1° Que M. Théolière est déraisonnable dans sa demande ;
2° Injuste dans son Mémoire ;
3° Qu'il a mérité l'interdit, sans aucune monition, au moment du procès,

Et rien qu'au moment du procès,

Et à cause de ce même procès,

Et quoiqu'il fut obligé en conscience de le soutenir,

Et seulement pendant tout le temps du procès principal,

Et qu'il a été levé seulement à la fin du procès ;

5° Que cet interdit n'est pas la cause de sa ruine, et que le cardinal ne lui doit rien ;

6° Que le cardinal doit lui refuser à juste titre l'entrée de Vernaison, fondé et entretenu par la libéralité du clergé de Lyon et par les revenus de cette Eglise ;

7° Qu'il lui refuse à juste titre les quatre cents francs que lui ont votés les prêtres ;

8° Que M. Théolière doit réparer l'honneur du cardinal par un autre Mémoire, par les journaux, par tous les moyens.
                    Ou bien
Que S. E. n'a pas eu rairon d'interdire M. Théolière sans monition préalable,

Au moment du procès,

Et à cause du procès,

Pendant tout le temps du procès principal,

Et que l'interdit a été levé seulement à la fin du procès, etc.

Comment répond-on à cela ? En disant que M. Théolière est fou.

M. Théolière fou ! voilà une charge de la force des deux tours de Notre-Dame de Paris, et plus difficile à soutenir.

M. Théolière, sur des recommandations, confia à M. Vallon l'argent de sa sœur infirme. M. Vallon, sans l'en prévenir, achète le Jardin d'Hiver, et l'on dit : *On avait assez averti M. Théolière de ne pas placer son argent au Jardin d'Hiver.*

Voyant qu'il ne pouvait pas en retirer ses droits, il va parler à l'archevêché où on lui dit : *Vous devez bien voir les livres.* M. Théolière craignant de se compromettre, vu sa qualité d'ecclésiastique, n'use pas de la faculté, donnée par M. Barou, de visiter les livres, et l'on dit : *M. Théolière est un entêté qui ne veut rien écouter ! Il n'a pas eu honte de se trouver au milieu de..... Fi donc ! Horreur !*

Et que fallait-il donc faire ?

M. Théolière, en dernière ressource, songe tout de bon à donner au Jardin d'Hiver une autre destination, et *à bannir les danses de là*. Des personnes viennent à son secours pour cette bonne œuvre. Et l'on dit : *Il est fou ! il n'a pas eu honte de spéculer sur l'immoralité publique.*

Et qu'auriez-vous donc fait à sa place?

Ses adversaires ayant besoin d'un interdit pour exploiter ce prêtre, vont solliciter le cardinal qui leur accorde cet interdit au moment critique. M. Théolière va présenter ses raisons au cardinal. Celui-ci a bien écouté la partie adverse ; mais il ne veut ni écouter M. Théolière, ni consulter ses hommes d'affaires. Puis il dit : *Il n'y a pas moyen de raisonner cette tête.*

Et sur quoi l'avez-vous donc raisonnée?

L'interdit lui fait perdre son procès ; adieu le patrimoine et l'argent qu'on lui a confié. Il réclame auprès de S. E., surtout en faveur des créanciers. Et l'on dit : *Ce prêtre infortuné a promis le respect et l'obéissance à S. E., et il l'accuse injustement ! S. E. n'a pas demandé sa condamnation.*

Et pour réponse, S. E. refuse à ce *prêtre infortuné* l'entrée de Vernaison et 400 francs qui lui ont été votés par les prêtres.

Et le défenseur anonyme de S. E. dit : *L'héroïque humilité de S. E. a supporté ses injures, et ne s'en est vengée que par des bienfaits. M. Théolière, loin d'être un Attila, n'est qu'un cynique, un cerveau fêlé, un homme sans conscience ni cœur.*

M. Théolière un entêté ! quelle propositions lui a donc fait S. E. qu'il n'a pas écoutées? Si Elle lui avait dit : *Je paye vos créanciers,* ce serait loin de le dédommager ; mais supposons cette proposition, et supposons qu'il ne l'aye pas écoutée, S. E. pourrait se croire fondée à dire : *M. Théolière est un entêté.* Mais jamais, au grand jamais, S. E. ne lui a fait cette proposition, quelque insuffisante qu'elle soit.

De bonne vérité, l'entêtement où est-il?

Il y a eu la place de devenir fou pour un homme qui a à cœur de satisfaire ses créanciers.

Le tort que M. Théolière a eu, ce me semble, c'est d'avoir trop bien prouvé à S. E. qu'elle doit une réparation ; car plus il y a de preuves contre Elle, moins Elle se rend ; plus, Elle fait un déni de justice ; mais, en revanche, plus ceux qui connaissent le Mémoire se persuadent :

1° Que M. l'abbé Théolière est juste dans sa demande ;

2° Que le cardinal s'est rendu très-coupable en l'interdisant sans monition ;

3° Plus coupable encore en l'interdisant à la prière de ses adversaires,

Au moment du procès,

Rien qu'au moment du procès,

A cause de ce même procès,

Et pendant tout le temps du procès principal ;

4° Que cet interdit a causé la ruine de M. Théolière ;

5° Qu'après sa ruine, S. E. a levé l'interdit.

6° Que le cardinal est son débiteur pour son patrimoine confisqué et pour les dommages et intérêts envers lui et les créanciers ;

7° Que, s'il y a injustice à lui refuser une réparation, on ne sait quel nom donner aux refus de l'hospitalité à Vernaison et des quatre cents francs votés par les prêtres ;

8° Que dès qu'il ne se rend pas, M. Théolière est obligé en conscience de faire tous ses efforts pour le poursuivre en réparation de dommages et intérêts devant les tribunaux compétents, en faveur des créanciers, d'après l'article 1382 du Code civil, ou de faire un Mémoire, seul moyen qui lui reste dans une Eglise où il n'y a pas de tribunaux ecclésiastiques.

C'est regrettable, me direz-vous ! Oui, c'est très-regrettable, quoique saint Paul ait dit : *In faciem ci restiti, quia reprehensibilis erat;* et c'est ce que devrait sentir S. E. Autrefois les chétiens donnaient leur confiance aux évêques et les faisaient juges de leurs différends. Aujourd'hui, un prêtre être obligé de recourir à un Mémoire et à des tribunaux civils pour obtenir justice contre son archevêque !!! (1)

Or, qui ne dit rien quand il doit parler consent. Donc, par son silence, S. E. s'avoue coupable et débiteur envers M. Théolière. S'il a oublié sa faute, que Dieu en fasse autant. Mais, pour en être quitte devant le juge des papes, des rois et des cardinaux, suffit-il d'être fils de l'auteur de *la Législation primitive?* Si S. E. a pu porter une sentence contre un prêtre sans l'avoir entendu, causer sa ruine sans être tenu à rien, jamais un damnificateur ne sera tenu à réparation.

Sans doute la présomption fut d'abord en faveur de S. E., vu le *reverentiam.* Etait-il vraisemblable qu'un archevêque ayant, dans son ordination, plus promis à Dieu en faveur de ses administrés, qu'un prêtre en l'ordination sacerdotale, un archevêque de droit divin le défenseur de ses prêtres, ait pu livrer M. Théolière pieds et poings liés à ses adversaires?

Les plus voisins du maître n'osaient pas trop se prononcer ouvertement, et même un curé, dit-on, prit sur lui d'aller faire des condoléances à S. E. sur le Mémoire. Mais quand ils virent le gardien de nos traditions ouvrir aux Rommaniaques les portes de Lyon, en dépit des exemples de Charles Borrhomée et de François de Sales, en dépit de l'affliction, du droit des Lyonnais, et d'un surcroît de combats pour les prêtres ; quand ils le virent avec certaines anti-confraternités romaines, empêcher, par une circonvallation contre le droit des gens, la supplique d'arriver à Pie IX, devant lequel son geste impératif imposa silence aux députés ;

---

(1) Ayant appris trop tard l'apparition récente d'un 10ᵉ Appendice non moins fort ni moins logique que les précédents je ne puis pas en rendre compte quant à présent.

L'homme sous le nom duquel les neveux ont voulu et veulen
encore régenter Lyon, surtout en ce point de la liturgie ;

Et nostris illuserit advena regnis;

L'homme que Dieu interrogera sur le bref du 17 mars 1864 ;

Qui a vu sans rien dire attaquer les curés de Lyon par l'évêque
de Versailles, par des journaux, dangereux amis de la religion, par
l'archevêque de Rouen en plein sénat ;

L'homme qui n'a tenu aucun compte de la bienveillante inter-
vention de l'empereur, et qui nous présentant un bref sans valeur
devant notaire, parce qu'il n'avait pas le contrôle voulu, veut avoir
la gloire de démolir de suite la liturgie lyonnaise.

(Que S. M. l'empereur sache bien que les prêtres de Lyon sont
reconnaissants envers lui, et prient pour lui avec beaucoup de
ferveur.)

Quand le clergé a vu la conduite de S. E. le cardinal, il a reconnu
l'auteur de la ruine de M. Théolière, et l'indignation se fait entendre.

Pour moi, je suis satisfait d'avoir rempli un devoir de charité et
de justice. Quel en sera le résultat ? Je l'ignore. S. E. ouvrira-t-elle
les yeux ? Je l'ignore.

Mais les grands dans le ciel ont un juge sévère.

L'innocent un vengeur.

Beati qui sitiunt et esuriunt justitiam ; quoniam ipsi saturabuntur.
(Matt. 5.)

St-Etienne. imp. Montagny.

www.ingramcontent.com/pod-product-compliance
Lightning Source LLC
Chambersburg PA
CBHW061127050726
47594CB00005B/2131